AF161740

Le QUIZ VORDTRIEDE

Jürgen Lang

Le QUIZ VORDTRIEDE

50 questions et réponses
à la famille émigrée de Fribourg

Plus d'informations bibliographiques sur la Bibliothèque nationale Allemande:
La Bibliothèque nationale allemande faire la liste de cette publication dans la Bibliographie nationale allemande; données bibliographiques détaillé sont disponibles sous l'adresse du Internet suivante: http://dnb.dnb.de.

© 2016 Jürgen Lang, Fichtestraße 4, 79115 Freiburg

Première édition

Illustration: © 2013-2016 James Steakley
Traduction: Jürgen Lang
Autres participants: Aucun

Production et maison d'édition: BoD - Books on Demand, Norderstedt

ISBN: 978-3-7392-4569-0

Table des matières

Préface 3

Introduction 5

La MAISON VORDTRIEDE Fribourg 7

Questions au projet 9

Questions à l'immeuble d'habitation 11

Questions à Käthe Vordtriede 13

Questions à Fränze Vordtriede 15

Questions à Werner Vordtriede 17

Solution 19

Résumé 21

Index des mots-clés 23

Sources de référence et littérature 25

À propos l'auteur 35

Préface

Le quiz unique informe ludiquement sur l'ancienne famille juive. Celle-ci vivait de 1926 jusqu'à 1939 à Fribourg-Haslach. Là-derrière se trouvent Käthe monoparentaux et les deux enfants Fränze et Werner. Seulement parce qu'ils étaient Juives, ils ont été poursuivis et expulsés. Par la fuite immédiate à l'étranger, ils pouvaient se sauver.

Avec le nouveau projet de citoyens "La MAISON VORDTRIEDE Fribourg", fait penser à cela. Depuis l'année 2002, le promoteur habite avec sa famille dans l'immeuble d'habitation ancien au numéro 4 de la Rue Fichte. En 2015, l'initiative privée était distinguée avec le Prix de la Ville "Engagement des citoyens".

Les groupes cibles du quiz sont les adultes, des adolescents et des enfants. Les jeunes gens droits sont invités à s'occuper du national-socialisme allemand et de son idéologie. Ces événements ne peuvent jamais se répéter, ni ici ni autrement sur le monde.

Fribourg-en-Brisgau, mars 2016

Directeur du projet

Introduction

Le quiz a spécialement été conçu comme contribution pour le "Haslacher Adventskalender". Exactement le 15 décembre 2015, il a publiquement été présenté pour la première fois.

L'idée naissait en septembre 2015, après que la série d'article à l'Allemagne au "30ème jour de la mort Werner Vordtriede", malheureusement, aucun écho n'a trouvé.

Ce petit livre veut éveiller de l'intérêt pour la saga de famille ainsi que pour les sujets apparentés. Ce sont l'émigration, les études d'allemand, les intellectuels, l'histoire juive ou le national-socialisme.

Naturellement le petit livre peut aussi être utilisé comme la préparation d'un cours.

Cette dépense française correspond à l'anglaise du février 2016. Seulement les questions de numéro 8 et 9 ainsi que les sources de référence et littérature ont été actualisées. L'auteur a utilisé des signes de ponctuation internationaux.

La MAISON VORDTRIEDE Fribourg

La MAISON VORDTRIEDE est une initiative privée qui se consacre à la famille émigrante autrefois. Celle-ci vivait de 1926 jusqu'à 1939 au numéro 4 de la Rue Fichte en Fribourg-Haslach. A côté de Käthe Vordtriede, les enfants Dr Frances Vordtriede-Riley et Prof. Werner Vordtriede en font aussi partie. En 2015, l'initiative privée était distinguée avec le Prix de la Ville "Engagement des citoyens".

Le promoteur est l'après-locataire Jürgen Lang qui a donné nainnance le projet en 2014. A l'avenir, l'ancien immeuble d'habitation doit devenir un lieu de rencontre et du musée.

Il y a à encore exploiter beaucoup, à l'étudier et le relier quant au contenu. Qui est-ce que les parents Blumenthal étaient par exemple? Qu'est-ce que nous savons sur Gustav Gustav Adolphe Vordtriede? Comment est-ce que Käthe vivait à New York City? Qu'est-ce qui faisait Fränze dans Philadelphie ou Werner exactement à Munich? Est-ce qu'il y a encore de nouvelles sources?

Par conséquent, la devise du projet est: Mémoire, recherche, avertissement.

Si vous avez quelque chose au sujet ou savoir, s'il vous plaît adressez-vous à l'auteur. Je les remercie.

Questions au projet

1.) Quand est-ce que le projet a donné naissance?
    a) 2002
    b) 2004
    c) 2006
    d) 2014

2.) Quel est-ce qui était le motif ?
    a) 20ème jour de la mort Fränze Vordtriede
    b) 30ème jour de la mort Werner Vordtriede
    c) 50ème jour de la mort Käthe Vordtriede
    d) Centenaire de Fribourg-Gartenstadt

3.) Quelle est-ce qui est la devise du projet?
    a) Union, droit et liberté
    b) Mémoire, recherche, avertissement
    c) In vino veritas
    d) Liberté, Égalité, Fraternité

4.) Quel est-ce qui veut encore être le projet?
    a) Interlocuteur pour la saga de famille
    b) Interlocuteur pour l'égalité entre les hommes et les femmes
    c) Interlocuteur pour des frontaliers
    d) Interlocuteur pour des écoles

5.) Qui est-ce qui a fait rouler la chose?
    a) Biographe Dr Gesa Schönermark
    b) Éditeur Manfred Bosch
    c) Éditeur Prof. Detlef Garz
    d) Scientifique Prof. Dieter Borchmeyer

6.) Quel nom de la rue était proposé pour la région d'immeuble neuf Fribourg-Gutleutmatten en 2014?
    a) Boulevard Vordtriede-Riley
    b) Chemin Käthe Vordtriede
    c) Rue des frères et sœurs Vordtriede
    d) Avenue Werner Vordtriede

7.) Quelles actions est-ce qu'il y avait en 2015?
    a) 30ème jour de la mort Werner Vordtriede
    b) Dévoilement de la plaque
    c) Nominations de prix
    d) Journée sportive

8.) Pour quels prix est-ce que le projet a été désigné?
    a) Echt gut!-Bénévolat au Bade-Wurtemberg
    b) Prix pour la paix de la librairie allemande
    c) HelferHerzen-Le Prix dm pour engagement
    d) Prix de la Ville Engagement des citoyens

9.) Quelles actions est-ce qu'il y a en 2016?
    a) Participation d'exposition
    b) Deuxième conversation de témoins de l'époque
    c) Célébrations du 900 anniversaire de la ville de Fribourg
    d) Inscriptions à Wikipedia

10.) Qu'est-ce que le projet voudrait atteindre à long terme?
    a) Lieu de rencontre
    b) Hôtel papa-maman
    c) Musée
    d) Petites épiceries de quartier

Questions à l'immeuble d'habitation

11.) Qui est-ce qui a fait remarquer à l'immeuble d'habitation au directeur du projet?
      a) Collègue de travail
      b) Voisin
      c) Association culturelle
      d) Ville de Fribourg

12.) Quand est-ce que la famille est entrée?
      a) 1918
      b) 1921
      c) 1926
      d) 1933

13.) Qu'est-ce que l'immeuble d'habitation signifiait à cette époque?
      a) Assistance de repos ou Erhohlungsfürsorge
      b) Aide entre voisins
      c) Rencontre de membres du parti SPD
      d) Journal Volkswacht

14.) A quelles époques est-ce que la famille vivait?
      a) République berlinoise
      b) Empire allemand
      c) Troisième empire
      d) République de Weimar

15.) Pourquoi est-ce qu'ils ont été poursuivis?
      a) Immigrés
      b) Intellectuelle
      c) Juifs
      d) Westphaliens (région allemande)

16.) Combien d'habitants Fribourg a comptés en 1939 comme l'immeuble d'habitation quitté a été?
     a) 99.122
     b) 108.487
     c) 116.731
     d) 222.203

17.) Qu'est-ce que Werner Vordtriede disait à un voisin quand il allait une fois à l'immeuble d'habitation?
     a) Je suis un berlinois!
     b) Je cherche le centre-ville!
     c) Je cherche ma jeunesse!
     d) Je sais que je ne sais rien!

18.) Qui est-ce qui allait en dernier à l'immeuble d'habitation de la famille Vordtriede?
     a) Frances Vordtriede-Riley
     b) Julius Vordtriede (un parent éloigné)
     c) Käthe Vordtriede
     d) Werner Vordtriede

19.) Quand est-ce que la pierre pleine d'histoire a été déplacée devant la maison?
     a) 1996
     b) 1999
     c) 2004
     d) 2006

20.) A qui est-ce que l'immeuble d'habitation appartient aujourd'hui?
     a) Association de construction Brisgau
     b) Fondation de protection des monuments
     c) Famille Alber-Lang
     d) Société de construction de Fribourg

Questions à Käthe Vordtriede

21.) Où est-ce qu'elle a été née?
    a) Bielefeld
    b) Fribourg
    c) Hanovre
    d) Karlsruhe

22.) Quelle profession son mari Gustav Adolf Vordtriede avait?
    a) Commerçant de banque
    b) Maire
    c) Artisan
    d) Chocolatier

23.) Quoi elle a travaillé à Fribourg?
    a) Femme au foyer
    b) Journaliste
    c) Employé de la poste
    d) Ecrivain

24.) Quels événements dramatiques est-ce qu'il y avait en 1933?
    a) Interdiction d'exercer une profession
    b) Émigration de fils Werner
    c) Arrestation
    d) Destruction de l'imprimerie Volkswacht

25.) Comment est-ce que l'on révélait en Allemagne?
    a) Publication de livre
    b) Série télévisée
    c) Mariage de personnages éminents
    d) Article de journal

26.) Comment est-ce que sa première publication s'appelle?
    a) La septième croix (1942)
    b) La maison quittée (1975)
    c) Il m'est encore comme un rêve, que j'ai réussi cette fuite pleine d'aventures (1998)
    d) Changement de Telemach (1995)

27.) Quand le chemin KätheVordtriede a été proposé pour la première fois?
    a) 1999
    b) 2000
    c) 2002
    d) 2014

28.) Où est-ce que la deuxième pierre pleine d'histoire se trouve de Käthe Vordtriede?
    a) Fribourg (Cour de Bâle ou Basler Tor)
    b) Hanovre
    c) Kreuzlingen (Suisse)
    d) Lengwil (Suisse)

29.) Qu'est-ce qui était sa dernière profession?
    a) Journaliste
    b) Gouvernante
    c) Institutrice
    d) Romancière

30.) Quand est-ce que Madame Vordtriede est morte?
    a) 1939 à Frauenfeld (Suisse)
    b) 1961 à Munich
    c) 1964 à New York City
    d) 1994 à Fribourg

Questions à Fränze Vordtriede

31.) Où est-ce qu'elle a été née?
    a) Bielefeld
    b) Dortmund
    c) Munich
    d) New York City

32.) Pour quoi est-ce que Fränze s'engageait dans le temps libre?
    a) Ligue des filles allemandes ou BDM
    b) Assistance de repos ou Erholungsfürsorge
    c) Mouvement pour les Oiseaux migrateurs
    d) Secours d'hivers ou Winterhilfwerk

33.) Où est-ce qu'elle passait son baccalauréat?
    a) Lycée du Berthold
    b) Lycée du Friedrich
    c) Lycée Goethe
    d) Lycée Kepler

34.) Qu'est-ce que Fränze a étudié à Fribourg?
    a) Philologie anglaise
    b) Médecine
    c) Jurisprudence
    d) Economie nationale

35.) Comment vieux a été vous à sa thèse chez professeur Friedrich Brie?
    a) 19 ans
    b) 24 ans
    c) 28 ans
    d) 32 ans

36.) Dans quel pays Fränze a émigré en 1934 et il a été emprisonné là-bas comme "Enemy Alien"?
    a) France
    b) Grande-Bretagne
    c) Suisse
    d) EUA ou États-Unis d'Amérique

37.) Où est-ce qu'elle vivait après son mariage avec le collègue William Thomas Riley en 1951?
    a) Harrisburg
    b) New York City
    c) Philadelphie
    d) Woodstock

38.) Qu'est-ce qui était sa profession?
    a) Maîtresse de jardin d'enfants
    b) Professeure
    c) Employé de l'administration
    d) Collaboratrice scientifique

39.) Quand est-ce que "Fränzi" est morte?
    a) 1961 à Munich
    b) 1964 à New York City
    c) 1994 à Fribourg
    d) 1997 à Fort Myers

40.) Quel est-ce qui est le titre d'un article scientifique d'elles?
    a) Un sujet politiquement dangereux (2002)
    b) Il y a temps dans l'on se fane (1999)
    c) Des secrets au Lummer (1979)
    d) Weimar sur le pacifique (1985)

Questions à Werner Vordtriede

41.) Où est-ce que Werner a été né?
    a) Bielefeld
    b) Dortmund
    c) Hanovre
    d) Munich

42.) Dans quel pays le bachelier a émigré et il a étudié là-bas plus tard?
    a) Grande-Bretagne
    b) Italie
    c) Suisse
    d) EUA ou États-Unis d'Amérique

43.) A quelle université considérable est-ce qu'il devenait professeur seulement avec 32 ans?
    a) Université Albert-Ludwig dans 1955
    b) Université Louis-et-Maximilien dans 1962
    c) Université de Zürich dans 1943
    d) Université de Wisconsin dans 1947

44.) Quand est-ce que Werner est retourné?
    a) 1945
    b) 1961
    c) 1963
    d) 1985

45.) Quelle est-ce qui était sa profession?
    a) Poète
    b) Scientifique de littérature
    c) Ecrivain
    d) Traducteur spécialisé

46.) Qu'est-ce qui était son premier livre?
   a) La maison quittée (1975)
   b) Le maître penseur (1981)
   d) Le nécromant (1968)
   d) Des poèmes d'amour (1980)

47.) Pour quel lauréat littérature noble est-ce qu'il avait publié poèmes en 1963?
   a) Frédéric Mistral (France)
   b) George Bernhard Shaw (Grande-Bretagne)
   c) Pearl S. Buck (EUA)
   d) William Butler Yeats (Irlande)

48.) Où est-ce qu'il vivait à Munich?
   a) Rue de l'impératrice Kunigunde No. 35
   b) La place de Marie No. 11
   c) La Sendlinger Tor
   d) Avenue de la Simmern No. 3

49.) Quand est-ce que "Mr. Mystery" est mort?
   a) 1980 à Bielefeld
   b) 1982 à Fribourg
   c) 1985 à Smyrne/Izmir (Turquie)
   d) 1998 à New York City

50.) Où est-ce que tous les documents de succession se trouvent?
   a) Société du Schiller allemande
   b) Archives littéraires allemandes
   c) Ancien élève
   d) Bibliothèque de l'Université Wisconsin-Madison

Solution

Au projet: **1d**, **2c**, **3b**, **4a/d**, **5b**, **6c**, **7a/c**, **8a-d**, **9a/b/d** et **10a/b/d**.

À l'immeuble d'habitation: **11b**, **12c**, **13a-d**, **14c/d**, **15b/c**, **16b**, **17c**, **18a**, **19d** et **20a**.

À Käthe Vordtriede: **21c**, **22d**, **23b**, **24a-d**, **25a**, **26c**, **27b**, **28a**, **29b** et **30c**.

À Fränze Vordtriede: **31b**, **32b/c**, **33c**, **34a**, **35b**, **36b**, **37c**, **38b**, **39d** et **40a**.

À Werner Vordtriede: **41a**, **42c/d**, **43d**, **44b**, **45a-d**, **46a**, **47d**, **48a/d**, **49c** et **50b**.

Résumé

Le quiz a donné un premier aperçu dans l'histoire de famille et a peut-être réveillé l'autre intérêt.

A côté de Käthe Vordtriede, les enfants Fränze et Werner ont aussi été pris en compte. Tous trois étaient des victimes de l'illusion de race national-socialiste.

Finalement, un contexte a été produit avec les questions entre du temps national-socialiste, des lieux, des personnes, du projet et à l'immeuble d'habitation ancien. Avec cela résulte un tableau d'ensemble intéressant et les autres questions.

Des faits inconnus ont été formés jusqu'à présent.

Les sources de référence considérables peuvent être utilisées pour d'autres informations ou aussi conseils de vendange.

Index des mots-clés

Archives littéraires allemandes, 18
Arrestation, 13
Assistance de repos ou Erholungsfürsorge, 11, 15
Association de construction Brisgau, 12, 28
Avenue de la Simmern, 18
Bielefeld, 17
Centenaire de Fribourg-Gartenstadt, 9
Chemin Käthe Vordtriede, 14
50ème jour de la mort Käthe Vordtriede, 9
Conversation de témoins de l'époque, 10
Devise du projet, 9
Dortmund, 15
Dr Frances Vordtriede-Riley, 7, 12
Dr Gesa Schönermark, 9, 30
Dr Sigrun Faltin, 28
Dr Ute Scherb, 27
Émigration, 31, 32
Enemy Alien, 16
Études allemandes, 32
EUA ou États-Unis d'Amérique, 17
Fort Myers, 16
Fränze Vordtriede, 3, 15, 16, 26, 27
Frauenfeld, 14
Fribourg, 3, 10, 12, 13, 14, 15
Grande-Bretagne, 16
Gustav Adolf Vordtriede, 7, 13
Hanovre, 13
Histoire des juifs, 33
Inscriptions à Wikipedia, 10
Intellectuelle, 11, 32
Journal Volkswacht, 11, 13

Jürgen Lang, 7, 25, 26, 27, 28, 30, 35
Juifs, 3, 11
Julius Vordtriede, 12
Käthe Vordtriede, 3, 7, 13, 14, 27, 28, 29
Lycée Goethe, 15
Maison Vordtriede, 3, 7, 25, 26
Manfred Bosch, 9, 28
Mouvement pour les Oiseaux migrateurs, 15
Munich, 7, 18
National-socialisme, 3, 21, 33, 34
New York City, 7, 14
Parents Blumenthal, 7
Philadelphie, 7, 16
Pierres pleines d'histoire ou Stolpersteine, 12, 14
Prix de la Ville Engagement des citoyens, 3, 10
Prof. Detlef Garz, 9, 28
Prof. Dieter Borchmeyer, 9, 29
Prof. Friedrich Brie, 15
République de Weimar, 11
Rue de l'impératrice Kunigunde, 18
Rue des frères et sœurs Vordtriede, 10
Rue Fichte, 3, 7
Smyrne/Izmir, 18
Suisse, 14
Thomas William Riley, 16
Troisième empire, 11
30ème jour de la mort Werner Vordtriede, 5, 10
Université de Zurich, 17
Université Louis-et-Maximilien, 17
Université de Wisconsin-Madison, 17, 18
Werner Vordtriede, 3, 7, 12, 13, 17, 18, 29, 30, 31
Westphaliens, 11
William Butler Yeats, 18, 30
Woodstock, 16

Sources de référence et littérature

Généralités:

Recherches personnelle

www.uni-freiburg.de

www.stadt-freiburg.de

www.verwaltungsgeschichte.de

Maison Vordtriede:

de.wikipedia.org/wiki/Vordtriede-Haus_Freiburg
(12.03.2016)

Gröber, Bettina
Brückenbauer und Lotsen, Die Stadt hat Ehrenamtliche und Freiwillige für langjähriges Engagement ausgezeichnet, in: Badische Zeitung, Freiburg 04.12.2015

Lang, Jürgen
Am Tisch mit Käthe Vordtriede, Erinnerungen an das großartige Engagement der jüdischen Schriftstellerin, abrufbar unter: www.regiotrends.de, Freiburg am 06.01.2015

Lang, Jürgen
Geschwister-Vordtriede-Straße für Gutleutmatten-West, in: Haslacher Bote, Oktober-Ausgabe, Freiburg 2014

Lang, Jürgen
Projektleiter informiert Bürger, in: Haslacher Bote, Februar-Ausgabe, Freiburg 2016

Lang, Jürgen
Projekt VORDTRIEDE-HAUS Freiburg nominiert, Dabei beim Wettbewerb Echt-Gut!-Ehrenamt in Baden-Württemberg 2015, abrufbar unter: www.regiotrends.de, Freiburg am 03.07.2015

Lang, Jürgen
Verloren aber in der Sache gewonnen!, in: Haslacher Bote, Dezember-Ausgabe, Freiburg 2014

Lang, Jürgen
VORDTRIEDE-HAUS besucht Berliner Gedenkstätten, abrufbar unter: www.regiotrends.de, Freiburg am 02.03.2016

Lang, Jürgen
VORDTRIEDE-HAUS Freiburg erhält Auszeichnung, Preisgeld wird für Forschungsarbeiten verwendet, abrufbar unter: www.regiotrends.de, Freiburg am 04.12.2015

Lang, Jürgen
VORDTRIEDE-HAUS Freiburg veröffentlicht Quiz, Ehemaliges Wohnhaus soll Begegnungsstätte und Museum werden, abrufbar unter: www.regiotrends.de, Freiburg am 13.11.2015

Fränze Vordtriede:

Der Imagismus, Sein Wesen und seine Bedeutung, Freiburg 1935

de.wikipedia.org/wiki/Fränze_Vordtriede (06.02.2016)

Recherches personnelle

Huml, Ariane u.a.
Jüdische Intellektuelle im 20. Jahrhundert, Literatur- und kunstgeschichtliche Studien, Würzburg 2003

Lang, Jürgen
Fränze Vordtriede wieder vereint, abrufbar unter:
www.regiotrends.de, Freiburg am 01.03.2016

Peterfly, Margit
William Carlos Williams in deutscher Sprache, Aspekte der übersetzerischen Übermittlung 1951-1970, Würzburg 1999

Pfanz-Sponagel, Christiane
Als die Heimat zur Fremde wurde. Zwischen Emigration und Deportation, Die Freiburger Juden als Opfer des NS-Rassenwahns, in: Migration in Freiburg im Breisgau, Ihre Geschichte von 1500 bis zur Gegenwart, Freiburg 2014

Scherb, Ute
Ein politisch gefährliches Subjekt, Das Leben der Fränze Vordtriede, in: Zeitschrift des Breigau Geschichtsvereins Schau-ins-Land, 121. Jahresheft, Freiburg 2002

www.ancestry.co.uk

www.dla-marbach.de

Käthe Vordtriede:

Aktionskomitee 100 Jahre Gartenstadt (Hrsg.)
Die Gestapo durchwühlte gerade unsere Küche, in: Geschichte und Geschichten, 100 Jahre Gartenstadt Freiburg-Haslach, Freiburg 2014

Baureithel, Ulrike
Nun sind wir gar nichts, in: Die Welt, Berlin 06.02.1999

Bauverein Breisgau (Hrsg.)
Der Bauverein Breisgau in der Gartenstadt, ein Rück- und Ausblick anlässlich ihres 100-jährigen Jubiläums, in: Lebensräume, Juli-Ausgabe, Freiburg 2014

Bochtler, Anja
Auf den Spuren von Käthe Vordtriede, in: Badische Zeitung, Freiburg 09.08.2014

Bosch, Manfred (Hrsg.)
Mir ist es noch wie ein Traum, dass mir diese abenteuerliche Flucht gelang, Briefe nach 1933 aus Freiburg, Frauenfeld und New York an ihren Sohn Werner, Lengwil 1998

de.wikipedia.org/wiki/Käthe_Vordtriede (10.01.2016)

Recherches personnelle

Faltin, Sigrid
Chronistin in dunkler Zeit, Die Freiburger Journalistin Käthe Vordtriede, Doku-Film, Baden-Baden 2001, abrufbar unter www.youtube.com

Garz, Detlef (Hrsg.)
Es gibt Zeiten, in denen man welkt, Mein Leben in Deutschland vor und nach 1933, Lengwil 1999

Lang, Jürgen
Berühmte Vormieterin, in: Stadtkurier, Freiburg 07.08.2014

Lang, Jürgen
Meine Vormieterin Käthe Vordtriede, Freiburger Jahre der jüdischen Redakteurin und Schriftstellerin, Beitrag zur Festschrift 100 Jahre Gartenstadt, Freiburg 27.03.2014

Lernort Zivilcourage & Widerstand
Randale in der Redaktion, Käthe Vordtriede erlebt die Erstürmung der Freiburger Volkswacht, Kurz-Film, Karlsruhe 2015, abrufbar unter www.youtube.com

Rehm, Sigrun
Raus mit der Marxistenhexe, in: Der Sonntag, Freiburg 10.08.2014

Von Ebel, Martin
Ein Volk von Umfallern, in: Der Spiegel, Ausgabe 44, Hamburg 1999

www.dla-marbach.de

www.freiburgs-geschichte.de/1933-1945

www.juedischeliteraturwestfalen.de

www.kalliope.staatsbibliothek-berlin.de

www.perlentaucher.de/autor/kaethe-vordtriede

www.schule-bw.de/unterricht

<u>Werner Vordtriede</u>:

Bermbach Udo (Hrsg.)
Getauft auf Musik, Festschrift für Dieter Borchmeyer, Würzburg 2006

Borchmeyer, Dieter (Hrsg.)
Weimar am Pazifik, literarische Wege zwischen den Kontinenten, Festschrift für Werner Vordtriede zum 70. Geburtstag, Berlin 1985

Das verlassene Haus, Tagebuch aus dem amerikanischen Exil 1938-1947, München 1975

Der Innenseiter, Roman, München 1981

de.wikipedia.org/wiki/Werner_Vordtriede (10.01.2016)

Recherches personnelle Eigene

Geheimnisse an der Lummer, Roman, Wien 1979

Hergemöller, Bernd U.
Mann für Mann, Biographisches Lexikon zur Geschichte von Freundesliebe und männlicher Sexualität im deutschen Sprachraum, Münster 2010

König, Christoph
Internationales Germanistenlexikon 1800-1959, Band 1, A-G, Tübingen 2003

Lang, Jürgen
Den bleiben ist nirgens, Erinnerungen zum 30. Todestag des Exilanten Werner Vordtriede, in: Haslacher Bote, Oktober-Ausgabe, Freiburg 2015

Melchinger, Christa
Spiegelromane, Werner Vordtriede: Der Innenseiter und Ulrichs Ulrich, in: Die Zeit, München 10.12.1982

Schönermark, Gesa
Telemachs Wandlung, Werner Vordtriede. Eine wissenshistorische Biografie, München 1995

Ulrichs Ulrich oder Vorbereitungen zum Untergang, München 1985

William Butler Yeats, Liebesgedichte, Neuwied 1980

www.ancestry.co.uk

www.dla-marbch.de

www.juedischeliteraturwestfalen.de

www.kalliope.staatsbibliothek-berlin.de

www.literaturportal-westfalen.de

<u>Émigration</u>:

Blubacher, Thomas
Paradies in schwerer Zeit, Künstler und Denker im Exil in Pacific Palisades, München 2011

Bollauf, Traude
Dienstmädchen-Emigration, Die Flucht jüdischer Frauen aus Österreich und Deutschland nach England 1938/39, Münster 2011

Borchard, Ruth
We are strangers here, An Enemy Alien in prison in 1949, Elstree/England, 2007

Dray-Bensousan, Renée
Le Juifs a Marseille pendant la seconde guerre mondial, Aout 1939-Aout 1944, Paris 2004

Emmerich, Alexander
Die Geschichte der Deutschen in Amerika, Von 1860 bis zur Gegenwart, Köln 2013

Feuchtwanger, Lion
Exil, Roman, Berlin 2008

Göpfert, Rebekka
Der jüdische Kindertransport von Deutschland nach England 1938/39, Geschichte und Erinnerung, Frankfurt 1999

Klapdor, Heike
In der Ferne das Glück, Geschichten für Hollywood, Berlin 2013

Remarque, E. M.
Das gelobte Land, Roman, Köln 2010

Roth, Joseph
Juden auf der Flucht, München 2006

Études allemandes:

Drügh, Heinz u.a.
Germanistik, Sprachenwissenschaft-Literaturwissenschaft-Schlüsselkompetenzen, Stuttgart 2012

Intellectuelle:

Boll, Monika (Hrsg.)
Ich staune, dass Sie in dieser Luft atmen können, Jüdische Intellektuelle in Deutschland nach 1945 (Die Zeit des Nationalsozialismus), Frankfurt 2013

Burschel, Peter e.a.
Intellektuelle im Exil, Göttingen 2011

Winkler, Michael
Deutsche Literatur im Exil 1933-1945, Texte und Dokumente. Ditzingen 1997

Ziegler, Edda
Verboten-verfemt-vertrieben, Schriftstellerinnen im Widerstand gegen den Nationalsozialismus, München 2010

Histoire des juifs:

Abitbal, Michel
Histoire des juifs, De la genèse à nos jours, Paris 2013

Herzig, Arno
Jüdische Geschichte in Deutschland, Von den Anfängen bis zur Gegenwart, München 2002

Johnson, Paul
A History of the Jews, London 2004

Jüdisches Museum Berlin (Hrsg.)
Zweitausend Jahre deutsch-jüdische Geschichte, Köln 2002

National-socialisme:

Anne Frank Fond, Basel (Hrsg.)
Anne Frank Gesamtausgabe, Tagebücher, Geschichte und Ereignisse aus dem Hinterhaus, Erzählungen, Briefe, Fotos und Dokumente, Frankfurt 2015

Benz, Wolfgang
Das Tagebuch der Hertha Nathorff, Berlin-New York, Tagebuchaufzeichnungen 1933 bis 1945, Frankfurt 1989

Berliner Unterwelten e.V. (Hrsg.)
Mythos Germania, Schatten und Spuren der Reichshauptstadt, Eine Ausstellung des Berliner Unterwelten e.V., Berlin 2012

Fallada, Hans
Jeder stirbt für sich allein, Roman, Berlin 2012

Féral, Thierry
National-socialisme, Vocabulaire et chronologie, Paris 2000

Jens, Inge (Hrsg.)
Hans Scholl und Sophie Scholl, Briefe und Aufzeichnungen, Frankfurt 1988

Longerich, Peter
Davon haben wir nichts gewusst!, Die Deutschen und die Judenverfolgung 1933-1945, München 2007

Mann, Erika
Zehn Millionen Kinder, Die Erziehung der Jugend im Dritten Reich, Reinbek 1997

Meckel, Marlies
Den Opfern ihre Namen zurückgeben, Stolpersteine in Freiburg, Freiburg 2006

Rees, Laurence
Auschwitz, Geschichte eines Verbrechens, Leipzig 2007

Schönhaus, Cioma
Der Passfälscher, Die unglaubliche Geschichte eines Grafikers, der im Untergrund gegen die Nazis kämpfte, Frankfurt 2006

Seghers, Anna
Das siebte Kreuz, Berlin 1995

Snyder, Timothy
Black Earth, The Holocaust as history and warning, London 2016

Stadtarchiv Freiburg (Hrsg.)
Das Schicksal der Freiburger Juden am Beispiel des Kaufmanns Max Mayer und die Ereignisse des 9./10. November 1938, Freiburg 2000

À propos de l'auteur

Le commerçant de banque et le diplôme en gestion d'entreprise Jürgen Lang est actif depuis de 30 ans dans le secteur de la finance. Il est sa vocation. Ses sujets préférés sont la bourse et l'investissement. Plus loin il s'intéresse à analyses, la globalisation et la gestion. Les activités jusqu'à présent étaient chef du bureau, conseiller en investissement, conseiller de valeurs mobilière, conseiller clientèle et travailleur multifonctionnel. Il vit et travaille comme analyste indépendant, auteur de livre et entraîneur en la cité verdoyante de Fribourg-en-Brisgau.

Ses livres sont disponibles dans le commerce de livre, l'Internet ou à la maison d'édition. En 2014 il a publié des livres Audio sur les pays BRICS de Brésil, Russie, Inde, Chine ainsi qu'Afrique du Sud. En 2015 son premier conte et biographie ainsi que la troisième série de livres au sujet actions suivait.

Vous pouvez également contacter l'auteur à l'adresse électronique suivante: juergenlang63@gmx.de.